Impressum
Verlag: BABADADA GmbH, Nedderfeld 112 , 22529 Hamburg
Geschäftsführer / Verlagsleitung: Harald Hof
Druck: Books on Demand GmbH, In de Tarpen 42, 22848 Norderstedt

Imprint
Publisher: BABADADA GmbH, Nedderfeld 112 , 22529 Hamburg, Germany
Managing Director / Publishing direction: Harald Hof
Print: Books on Demand GmbH, In de Tarpen 42, 22848 Norderstedt

學校

duɗal

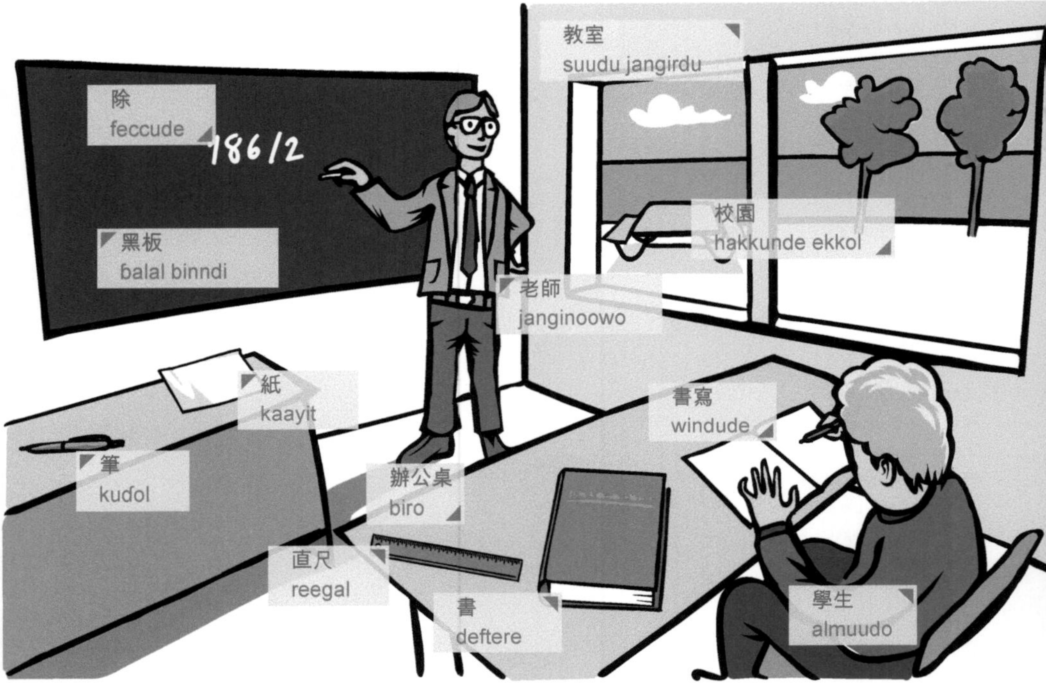
教室
suudu jangirdu
除
feccude
186/2
黑板
ɓalal binndi
校園
hakkunde ekkol
老師
janginoowo
紙
kaayit
書寫
windude
筆
kuɗol
辦公桌
biro
直尺
reegal
書
deftere
學生
almuudo

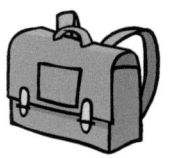

書包

kartaabal

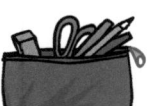

鉛筆盒

moftirdo kereyonji

鉛筆

kereyo

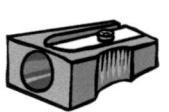

削鉛筆機

ceeɓnirgel kereyon

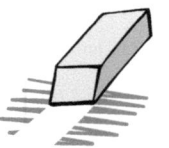

橡皮擦

momtirgel

畫板

alluwal ciifirgal

圖畫

ciifgol

畫筆

limsere pentirteeɗo

顏料盒

suwo pentirɗo

剪刀

sisooji

膠水

ɗakkorgal

練習冊

deftere ekkorgal

家庭作業

golle janŋde

數字

niimara

加

ɓeydude

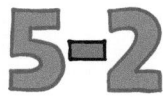

減

ustude

乘

ɓeydude keeweendi

計算

qimaade

字母

ɓataake

字母表

karfeeje

字

kongol

課文

bindol

讀

jangude

粉筆

bindirgal

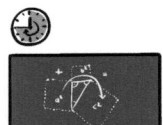

上課

darsu

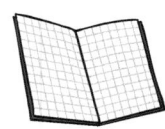

登記

winditaade

考試

egsame

證書

sartifika

校服

comcol duɗal

教育

janŋde

百科全書

ansikolopedi

大學

duɗal jaaɓi haɗtirde

顯微鏡

mikoroskop

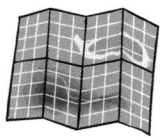

地圖

kartal

廢紙簍

suwo kurjut

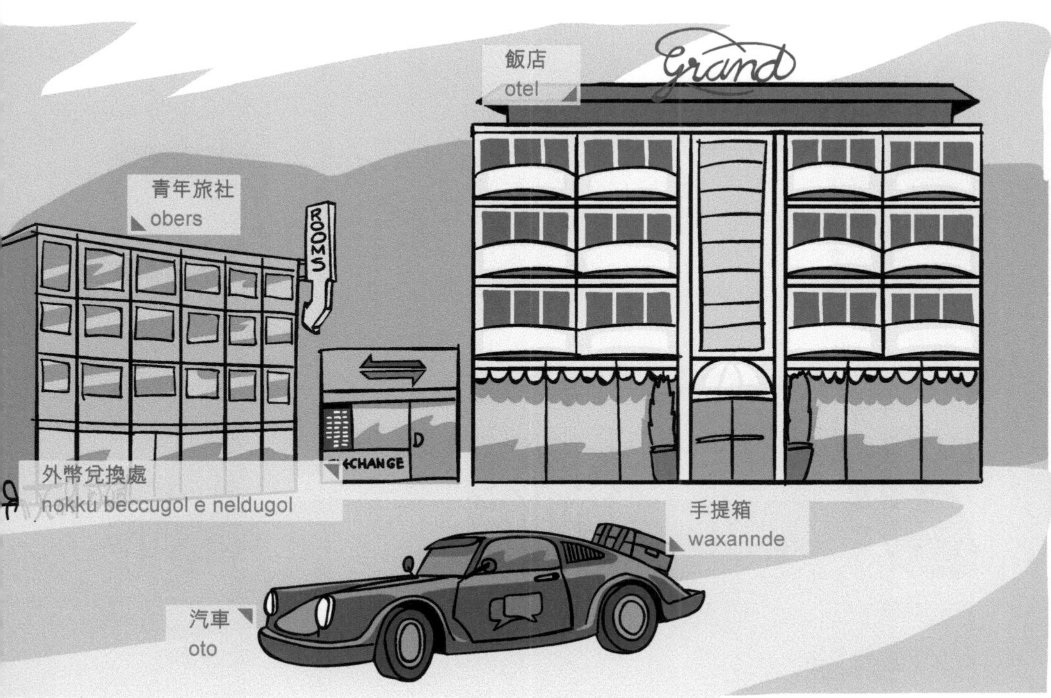

Grand
飯店
otel
青年旅社
obers
ROOMS
外幣兌換處
nokku beccugol e neldugol
手提箱
waxannde
汽車
oto

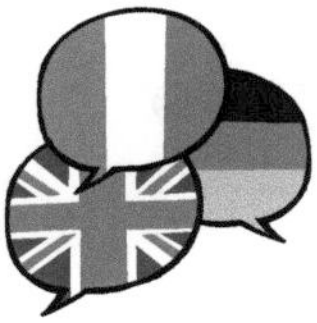

語言

ɗemngal

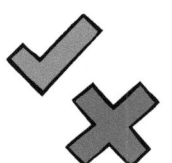

是/否

Eey / ala

好的

Moƴƴi

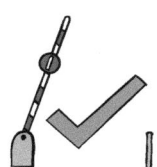

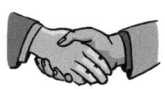

您好

mbaɗɗa

翻譯人員

pirtoowo

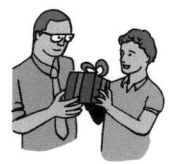

謝謝

A jaraama

……多少錢？

no foti…?

我不明白

Mi faamaani

問題

hanmi

晚上好！

Jam hiri!

早上好！

Jam waali!

晚安！

Mbaalen e jam!

再見

ñande woɗnde

方向

laawol

行李

bagaas

包

saawdu

背包

saawdu wambateendu

客人

koɗo

房間

suudu

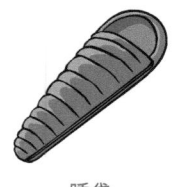

睡袋

njegenaaw

帳篷

caalel ladde

旅行資訊

kabaruuji tuurist

海灘

tufnde

信用卡

kartal banke

早餐

kacitaari

午餐

bottaari

晚餐

hiraande

票

biye

電梯

suutde

郵票

tampon

邊界

keerol

海關

duwaan

大使館

ambasad

簽證

wiisa

護照

paaspoor

交通運送

taraspoor

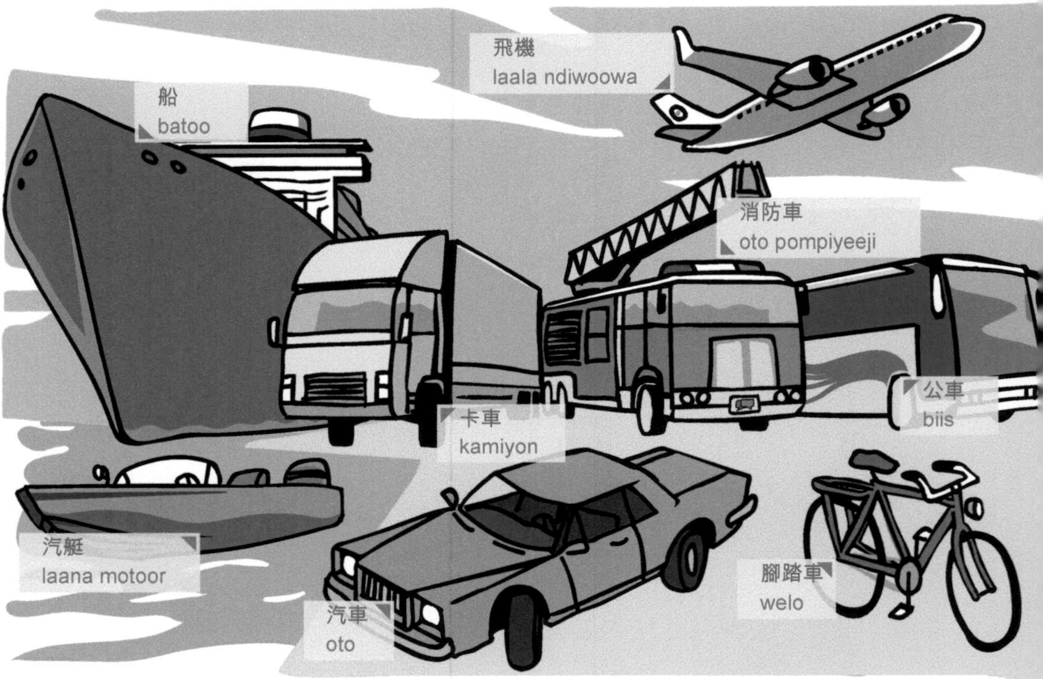

飛機
laala ndiwoowa
船
batoo
消防車
oto pompiyeeji
公車
biis
卡車
kamiyon
汽艇
laana motoor
腳踏車
welo
汽車
oto

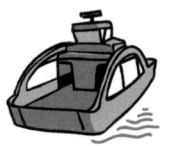

渡輪

batoo

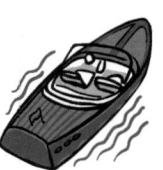

小船

laana

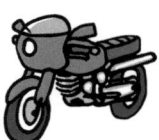

機車

welo

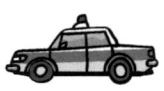

警車

oto polis

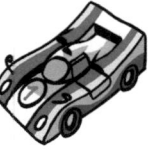

賽車

oto dogirteeɗo

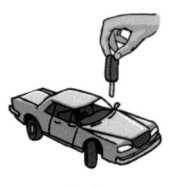

租車

oto luwateeɗo

拼車

dendugol oto

拖車

oto dandoowo goɗɗo

垃圾車

oto kurjut

馬達

motoor

汽油

karbiran

加油站

nokku esaans

交通標識

tintinooje yaangarta

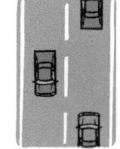

交通

yaa ngarta

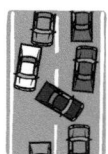

交通堵塞

jiiɓo yaa ngarta

停車場

dingiral otooji

火車站

dingiral laana leydi

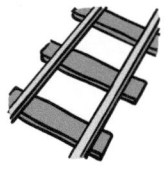

軌道

laabi

火車

laana leydi

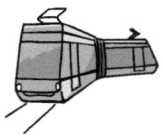

路面電車

laana ndegoowa

客車廂

saret

直升機

elikopteer

機場

ayrepoor

塔

tuur

乘客

wonbe e laana

集裝箱

konteneer

紙板箱

karton

手推車

duñirgel kaake

籃子

basket

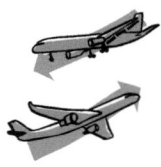

起飛/降落

diwde / juuraade

城市

wuro mowngu

村莊

wuro

市中心

hakkunde wuru wowngo

房子

galle

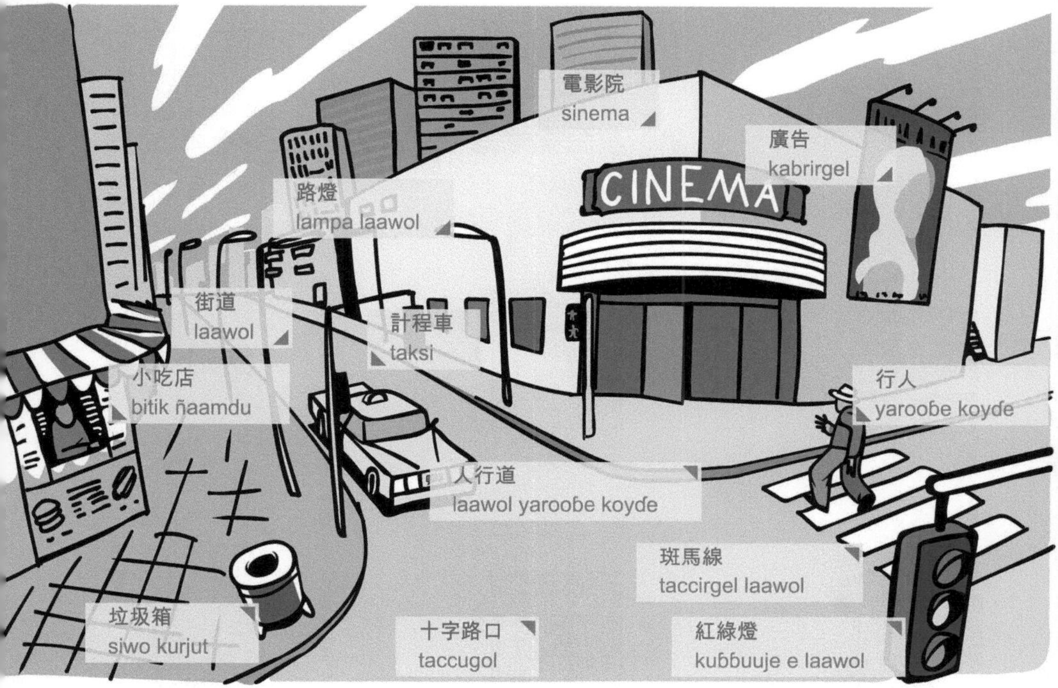

電影院
sinema
廣告
kabrirgel
CINEMA
路燈
lampa laawol
街道
laawol
計程車
taksi
小吃店
bitik ñaamdu
行人
yarooɓe koyɗe
人行道
laawol yarooɓe koyɗe
斑馬線
taccirgel laawol
垃圾箱
siwo kurjut
十字路口
taccugol
紅綠燈
kuɓɓuuje e laawol

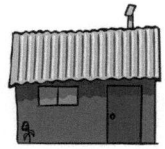

小屋

tiba

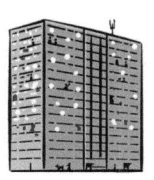

公寓

ko foti

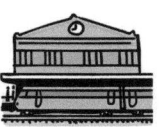

火車站

dingiral laana leydi

市政廳

meeri

MUSEUM

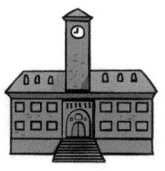

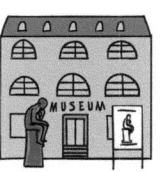

博物館

miise

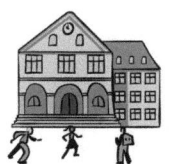

學校

duɗal

大學

duɗal jaaɓi haɗtirde

銀行

banke

醫院

suudu safirdu

飯店

otel

藥房

farmasi

辦公室

gollirgal

書店

suudu defte

商店

bitik

花店

jeyoowo fuloraaji

超市

sipermarse

市場

jeere

百貨商店

madase mawɗo

魚店

jeyoowo liɗɗi

購物中心

nokku coodateeɗo

海港

poor

公園
park

長凳
jooɗorgal

橋
taccirgal

樓梯
ŋabbirɗe

捷運
laawol metero

隧道
laawul les leydi

公車站
fongo biis

酒吧
baar

餐館
restora

郵筒
buwaat postaal

路標
lewñowel laawol

停車計時器
to otooji ndaroto

動物園
nokku kullon

游泳池
pisin

清真寺
jama

農場

ngesa

污染

gakkingol hendu

墓地

bammule

教堂

egiliis

操場

dingiral

寺廟

tampl

地形
yiyande taariinde

樹葉
baramlefol

指示牌
tugayal tintinirgal

路
laawol

草地
Huɗo sukkuko

石頭
haayre

樹
lekki

徒步旅行者
ŋayloowo

河
maayo

草
huɗo

花
fuloor

峽谷
nokku kaañe mawɗe to ndiyam dogata

丘陵
waande

湖
weedu

森林
ladde

沙漠
ladde yoornde

火山
wolkan

城堡
satoo

彩虹
timtimol

蘑菇
sampiñon

棕櫚樹
leki palm

蚊子
ɓowngu

蒼蠅
diwde

螞蟻
njabala

蜜蜂
mbuubu ñaak

蜘蛛
njabala

甲蟲

hoowoyre keppoore

青蛙

faabru

松鼠

doomburu ladde

刺蝟

sammunde

野兔

fowru

貓頭鷹

pubbuɓal

鳥

colel

天鵝

kakeleewal ladde

野豬

mbabba tugal

鹿

lella

麋鹿

Nagge nde galladi cate

水壩

baraas

風力發電機

masiŋel battowel hendu
jeynge

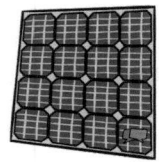

太陽能電池板

Lowowel nguleeki

氣候

kilima

服務生
carwoowo

菜譜
meni

椅子
jooɗorgal

湯
suppu

披薩餅
pidsa

桌布
limsere taabal

餐具
geɗe ñaamirteeɗe

前菜

tongitirgel

主菜

ñaamdu nguraandi

甜點

tuftorogol

飲料

njaram

食物

ñaamdu

瓶子

butel

速食

fast fud

街邊小吃

ñaamdu laawol

茶壺

baraade

糖盒

cupayel suukara

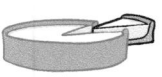

一份飯菜

geɗel

義式咖啡機

Masinŋ kafe

高腳椅

jooɗorgal toowngal

帳單

biye

托盤

ñorgo

刀

paaka

餐叉

furset

勺子

kuddu

茶匙

nokkere kuddu

餐巾

sarbet

玻璃杯

weer

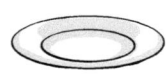

碟子

palaat

湯盤

palaat suppu

碟子

cupayel

醬

soos

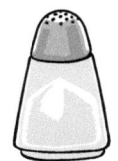

鹽瓶

pot lamɗam

胡椒研磨罐

moññirgal poobar

醋

bineegara

食用油

nebam

調味料

kaaɗnooje

番茄醬

ketsap

芥末

muttard

美乃滋

mayonees

超市

sipermarse

特價
ngustugul coggu
FOR
顧客
kiliyaan
乳製品
kosameeje
水果
ɓikkon leɗɗe
購物車
daasirgel

BUTCHERS

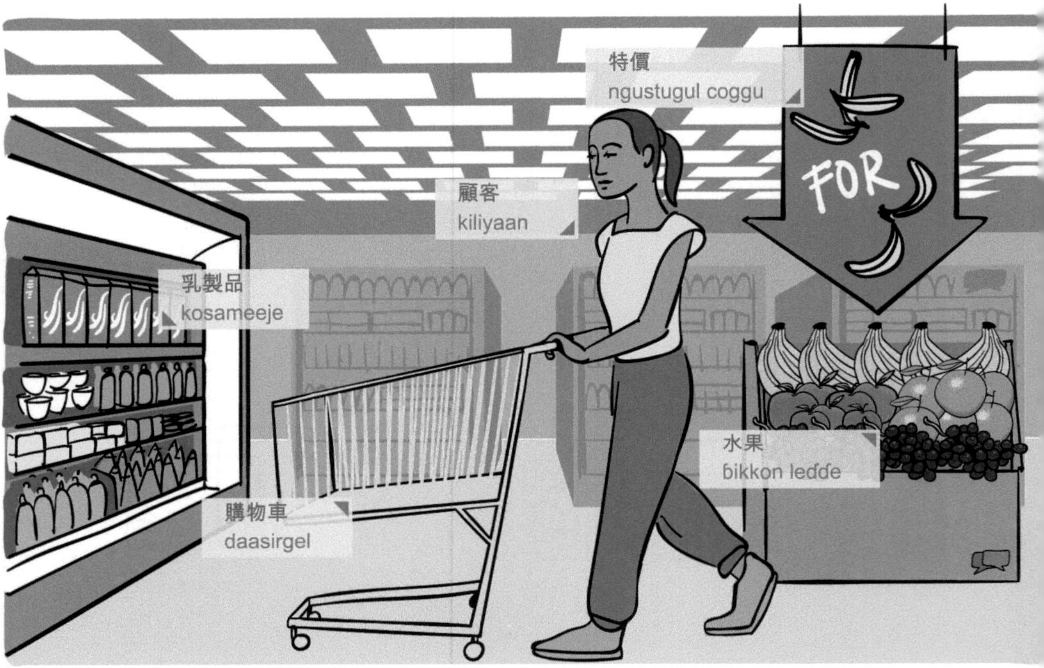

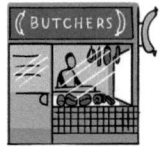

肉鋪

jeyoowo teew nagge

BAKERY

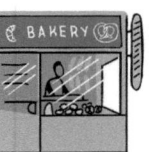

麵包店

juɗoowo mburu

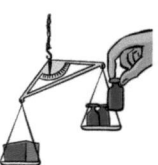

稱重

ɓetde

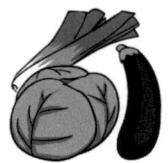

蔬菜

lijim

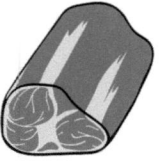

肉

teew

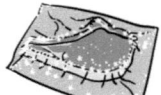

冷凍食品

ñaamdu ɓumnaandu

冷盤
teew moftaaɗo

罐頭食品
ñaamdu nder buwat

洗衣粉
condi lawyirteendu

甜食
bonboonji

日用品
geɗe ngurdaaɗe

清潔用品
porodiwiiji laaɓnirni

銷售員
julaaajo

收銀機
haa

收銀員
kestotooɗo

購物清單
limto coodateeɗi

開放時間
waktuuji golle

錢包
kalbe

信用卡
kartal banke

袋子
saak

塑膠袋
saak dalli

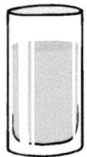

水

ndiyam

果汁

njaram

牛奶

kosam

可樂

yulmere

紅酒

sangara

啤酒

sangara

酒

sangara

可可

kakao

茶

ataaya

咖啡

kafe

義式濃縮咖啡

kafe jon jooni

卡布奇諾

kafe italinaabe

香蕉

banaana

蘋果

pom

柳丁

oraas

西瓜

dende

檸檬

limonŋ

胡蘿蔔

karot

大蒜

laay

竹子

lekki bambu

洋蔥

basalle

蘑菇

sampiñon

堅果

gerte

麵條

espageti

義大利麵

espageti

米飯

maaro

沙拉

salaat

薯條

firit

炸馬鈴薯

faatat cahaaɗo

披薩餅

pidsa

漢堡

amburgeer

三明治

sandiwis

炸豬排

buhal baddangal e lijim

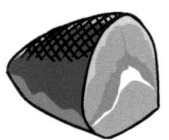

火腿

buhal teew

義大利臘腸

kaane biyeteeɗo sosison

香腸

sosis

雞肉

gertogal

烤肉

defaɗum

魚

liingu

燕麥片

ndefu gabbe kuwakeer

木斯里

njilɓundi aɓuwaan e gabbe goɗɗe

玉米片

kornfelek

麵粉

farin

牛角麵包

kurwasa

麵包捲

pe o le

麵包

mburu

吐司

mburu juɗaaɗo

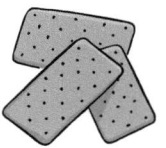

餅乾

mbiskit

奶油

nebam boor

凝乳

kosam kaaɗɗam

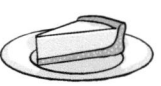

蛋糕

gato

蛋

boccoonde

煎蛋

moccoonde fasnaande

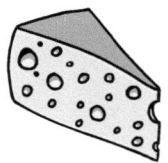

起司

foromaas

冰淇淋

kerem galaas

糖

suukara

蜂蜜

njuumri

果醬

teew nagge

巧克力醬

nirkugol sokkola

咖哩

suppu kaane

農場

ngesa

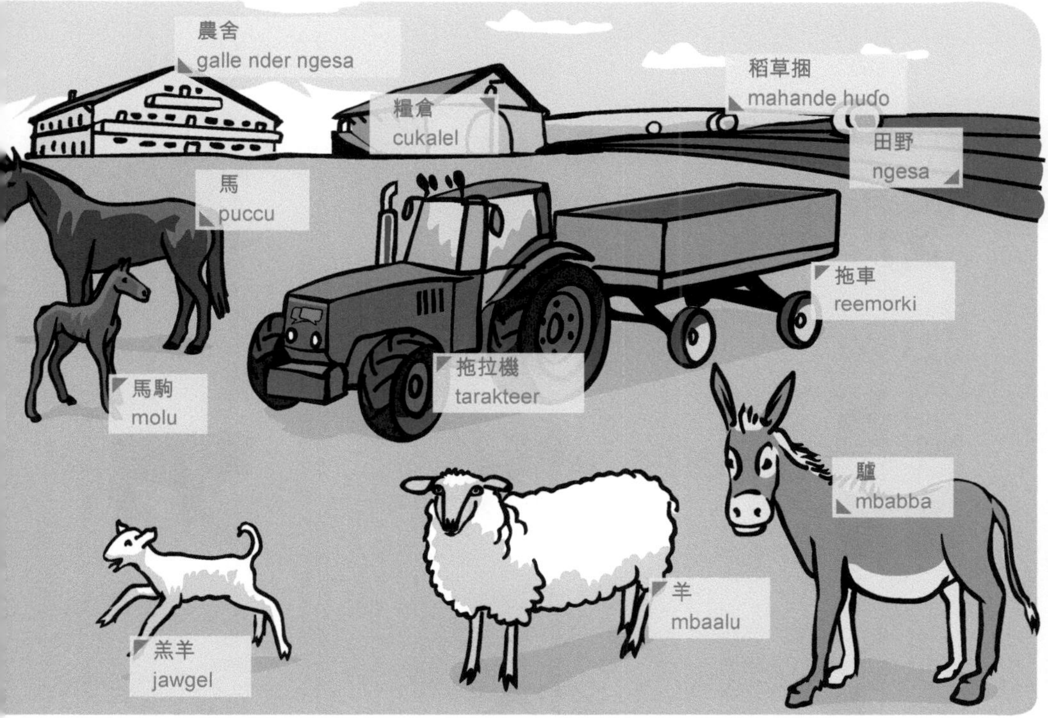
農舍
galle nder ngesa
糧倉
cukalel
稻草捆
mahande huɗo
田野
ngesa
馬
puccu
拖車
reemorki
拖拉機
tarakteer
馬駒
molu
驢
mbabba
羊
mbaalu
羔羊
jawgel

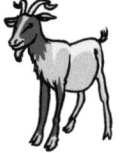

山羊

ndamdi

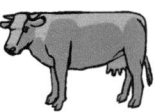

奶牛

nagge

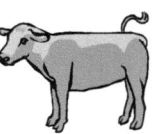

小牛

mbeewa

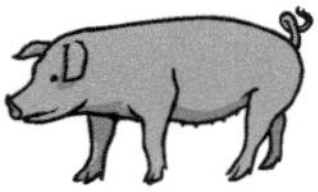

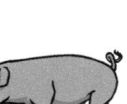

豬

mbabba tugal

小豬

ɓingel mbabba tugal

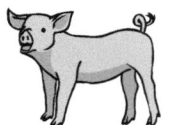

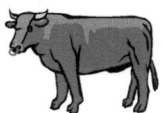

公牛

ngaari ladde

鵝
jarlal ladde

鴨
gerlal

小雞
cofel

母雞
jarlal

公雞
ngori

鼠
doomburu

貓
ullundu

老鼠
doomburu

牛
nagge

狗
rawaandu

狗屋
nokku dawaaɗi

花園澆水軟管
tiwo sardin

澆水壺
doosirgal

長柄大鐮刀
wofdu mawndu

犁
masinŋ demoowo

鐮刀

wofdu

鋤頭

coppirgal

長柄草耙

rato

斧頭

hakkunde

獨輪手推車

buruwet

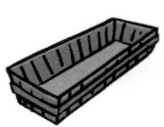

飼料槽

mbalka

牛奶罐

kosam buwat

麻布袋

saak

柵欄

kalasal galle

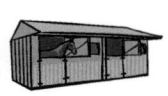

馬廄

nokku pucci

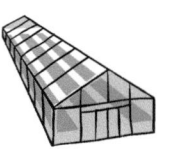

溫室

inexistant

土壤

leydi

種子

abbere

肥料

nguurtinooje leydi

聯合收割機

masınŋ coñirteeɗo

收割

soñde

收割

soñde

地瓜

ñambi

小麥

bele

大豆

soja

土豆

faatat

玉米

maka

油菜籽

abbere lekki kolsa

果樹

lekki firwiiji

樹薯

ñambi

穀物

sereyaal

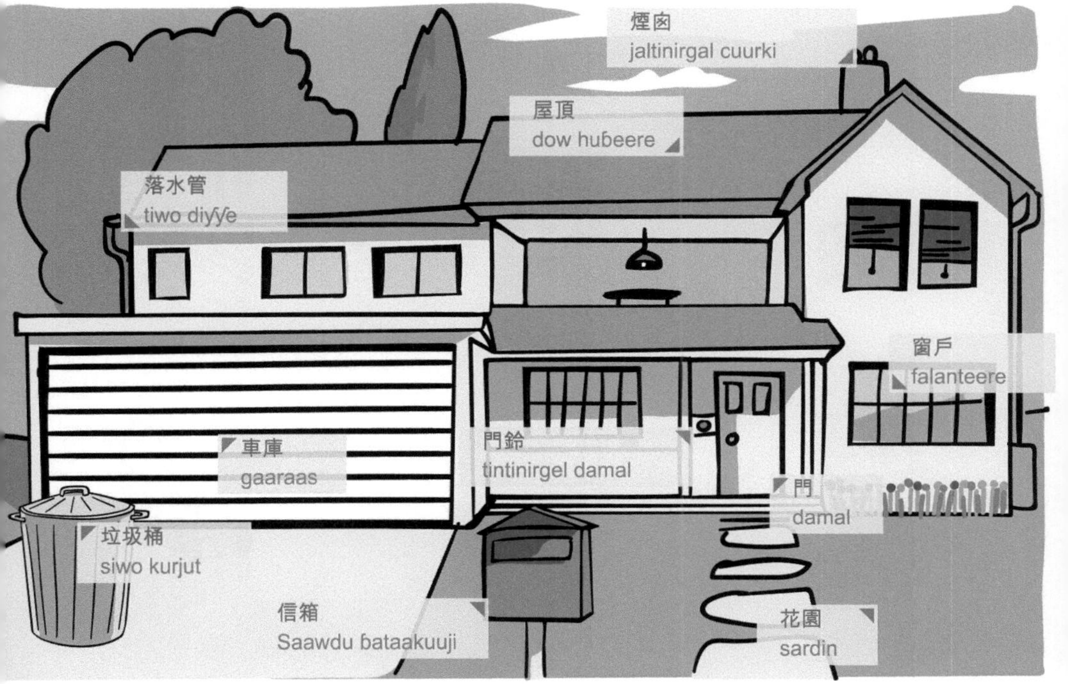

煙囪
jaltinirgal cuurki

屋頂
dow huɓeere

落水管
tiwo diyƴe

車庫
gaaraas

門鈴
tintinirgel damal

窗戶
falanteere

門
damal

垃圾桶
siwo kurjut

信箱
Saawdu bataakuuji

花園
sardin

客廳
suudu yeewtere

浴室
tarodde

廚房
waañ

臥室
suudu waalduru

兒童房
suudu sakaaɓe

餐廳
suudu hiraande

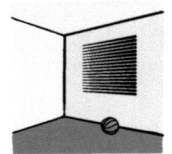

地板

karawal

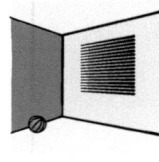

牆壁

balal

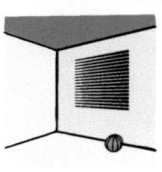

天花板

asamaan suudu

地窖

faawru

三溫暖

soona e ɗemngal farase

陽臺

balko

露臺

teeraas

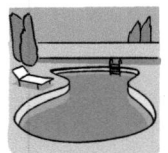

游泳池

pisin

割草機

keefoowo huɗo

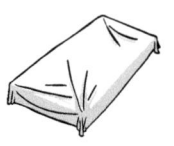

被單

darap

床罩

darap

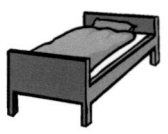

床

leeso

掃帚

pittirgal

水桶

suwo

開關

ñifirgel

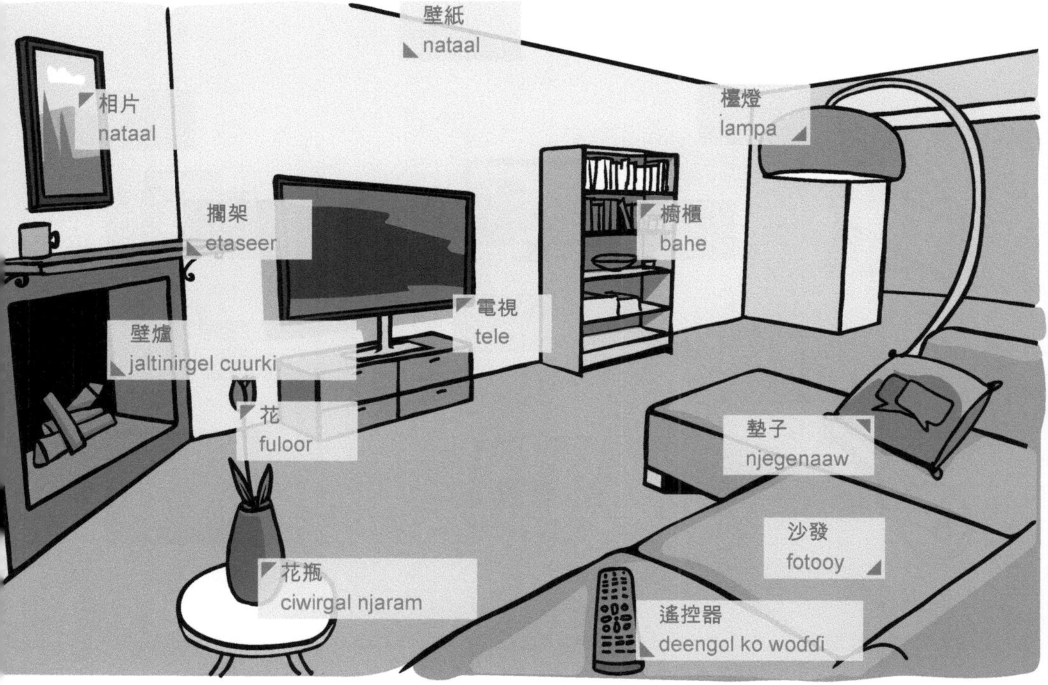

壁紙
nataal

相片
nataal

櫃燈
lampa

擱架
etaseer

櫥櫃
bahe

電視
tele

壁爐
jaltinirgel cuurki

花
fuloor

墊子
njegenaaw

沙發
fotooy

花瓶
ciwirgal njaram

遙控器
deengol ko woɗɗi

地毯
tappi

窗簾
rido

餐桌
taabal

椅子
jooɗorgal

搖椅
jooɗorgal timmungal

扶手椅
jooɗorgal tuggateengal

書
deftere

毯子
cuddirgal

裝飾品
jooɗnugol

木柴
leɗɗe kuɓɓateeɗe

電影
filmo

高傳真音響
materiyel hi-fi

鑰匙
coktirgal

報紙
kaayit kabaruuji

油畫
pentirgol

海報
posteer

收音機
rajo

筆記本
teskorgel

吸塵器
boɗowel pusiyeer

仙人掌
kaktis

蠟燭
sondel

廚房
waañ

冰箱
buubnirgal
微波爐
fuur kuura
廚房秤
peesirgal waañ
烤麵包機
cahirteengel
洗潔精
laawyirgel
烤箱
fuur
冰櫃
konselateer
垃圾桶
siwo kurjut
洗碗機
lawyirgel kaake

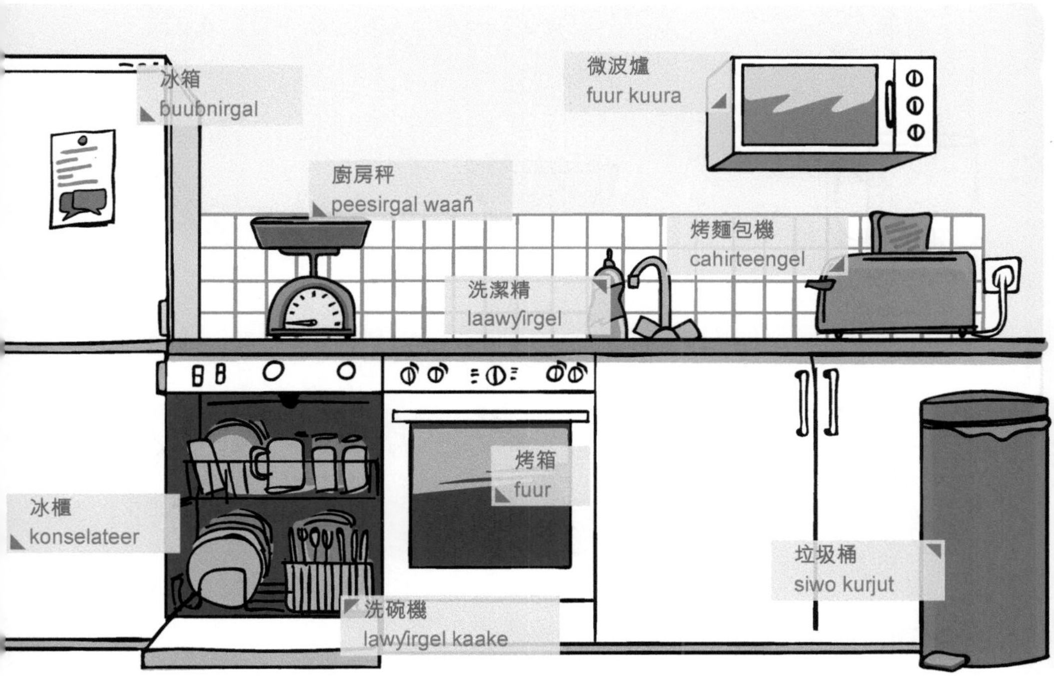

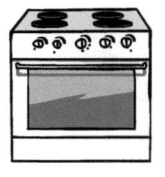

炊具

fuurno

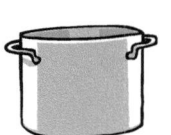

鍋

pot

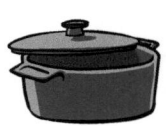

鑄鐵鍋

barme

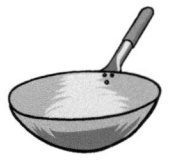

炒鍋

kasorol

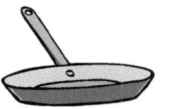

平底鍋

kasorol

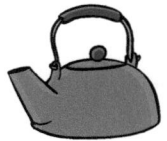

水壺

satalla

蒸鍋

suppere defirteende

烤盤

pool defirteeɗo

陶瓷鍋

lawγũgol kaake

馬克杯

pot jarduɗo

碗

suppeere

筷子

ñibirgon ñaamdu

長柄勺

kuddu luus

鏟子

kayit ɗakirteeɗo

攪拌器

iirtude

濾網

ceɗirgel

篩子

tame

磨碎機

keefirgel

研缽

moññirgal

燒烤

juɗgol

明火

jeyngol e henndu

菜板
coppirgal

擀麵杖
degnirgel ñaamdu
feewnateendu

開瓶器
udditirgel butel

罐子
buwaat

開罐器
udditirgel buwat

隔熱手套
nangirgel pot

水槽
siimtude

刷子
boros

海綿
eppoos

攪拌機
jiibirgel

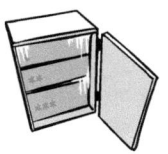

冷藏箱
battowel galaas

奶瓶
jardugel tiggu

水龍頭
robine

浴室

tarodde

淋浴
lootogol
供暖裝置
gulnirgel suudo
毛巾
momtirgel
浴簾
birnirgel lootorgal
泡沫浴
lootogol e ngufu
浴缸
ngaska buftorteengo
玻璃杯
weer
洗衣機
masinŋ lootnoowo
水龍頭
robine
瓷磚
kette senge
便壺
potsamburu
水槽
siimtude

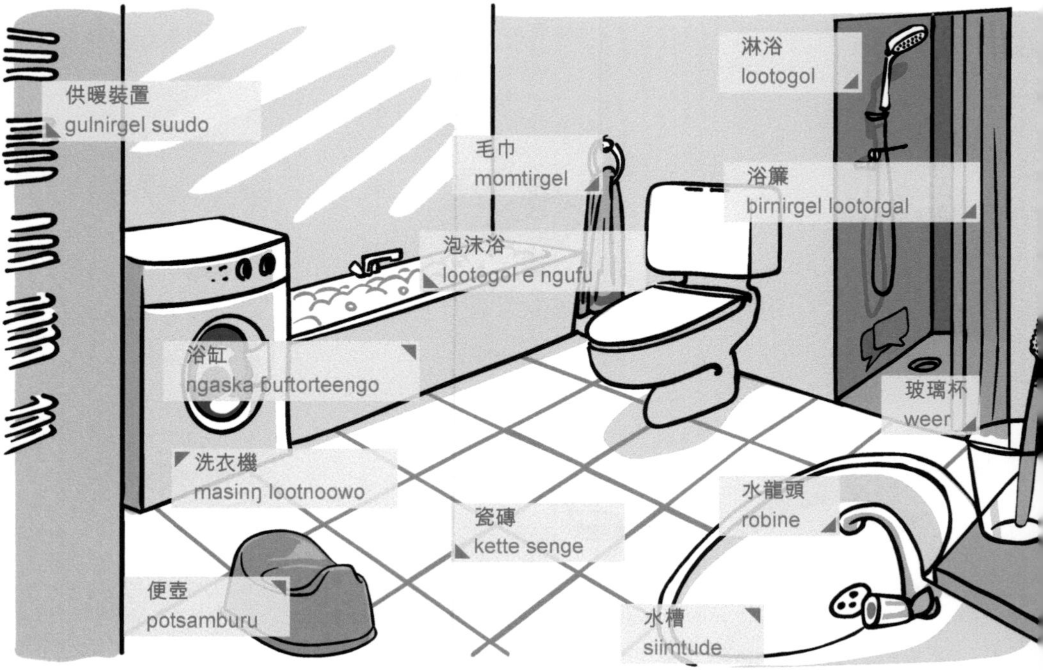

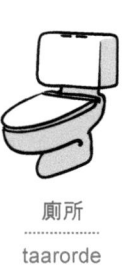

廁所

taarorde

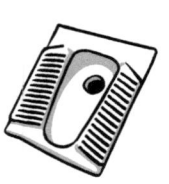

蹲便器

joɗorgal kuwirteengal

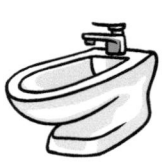

坐浴器

biisirgel ndiyam

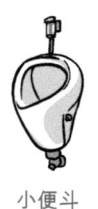

小便斗

taarodde

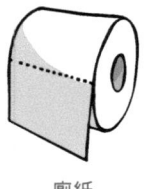

廁紙

kaayit momtirɗo

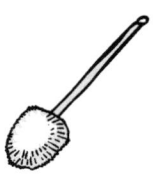

馬桶刷

boros taarorde

牙刷
coccorgal yiiye

牙膏
sabunde yiiye

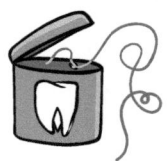

牙線
gaarowol ñiire

洗
lawyude

手持式蓮蓬頭
ɓoggol lootirteengol

沖洗器
ɓuftogol

洗臉盆
loowirteengel

洗背刷
demirgel huɗo

肥皂
sabunnde

沐浴露
saabunde ɓuftorteende

洗髮乳
sampoye

法蘭絨
limsere wiro

排水
ciiygol

乳霜
kerem

除臭劑
uurnirgel

鏡子

daandorgal

手鏡

daandorgal pamoral

刮鬍刀

pembirgel

刮鬍泡沫

ngufu pembol

鬍後水

moomiteengel pembol

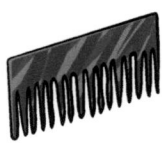

梳子

yeesoode

刷子

boros

吹風機

joornirgel sukunndu

噴髮定型劑

peewnirgel sukunndu

化妝品

makiyaas

唇膏

joodirgel toni

指甲油

momtirgel cegeneeji

化妝棉

garowol wiro

指甲剪

siso cegeneeji

香水

parfon

洗漱包

waxande lootorgal

凳子

kuudi

計重秤

peesirgal

浴袍

wutte cuftorteeɗo

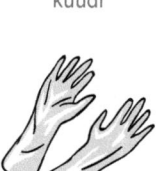

橡膠手套

gaŋuuji dalli

衛生棉條

momtirer ƴiiƴam ella

衛生棉

kuus tiggu

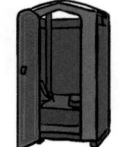

化學廁所

lootogol simik

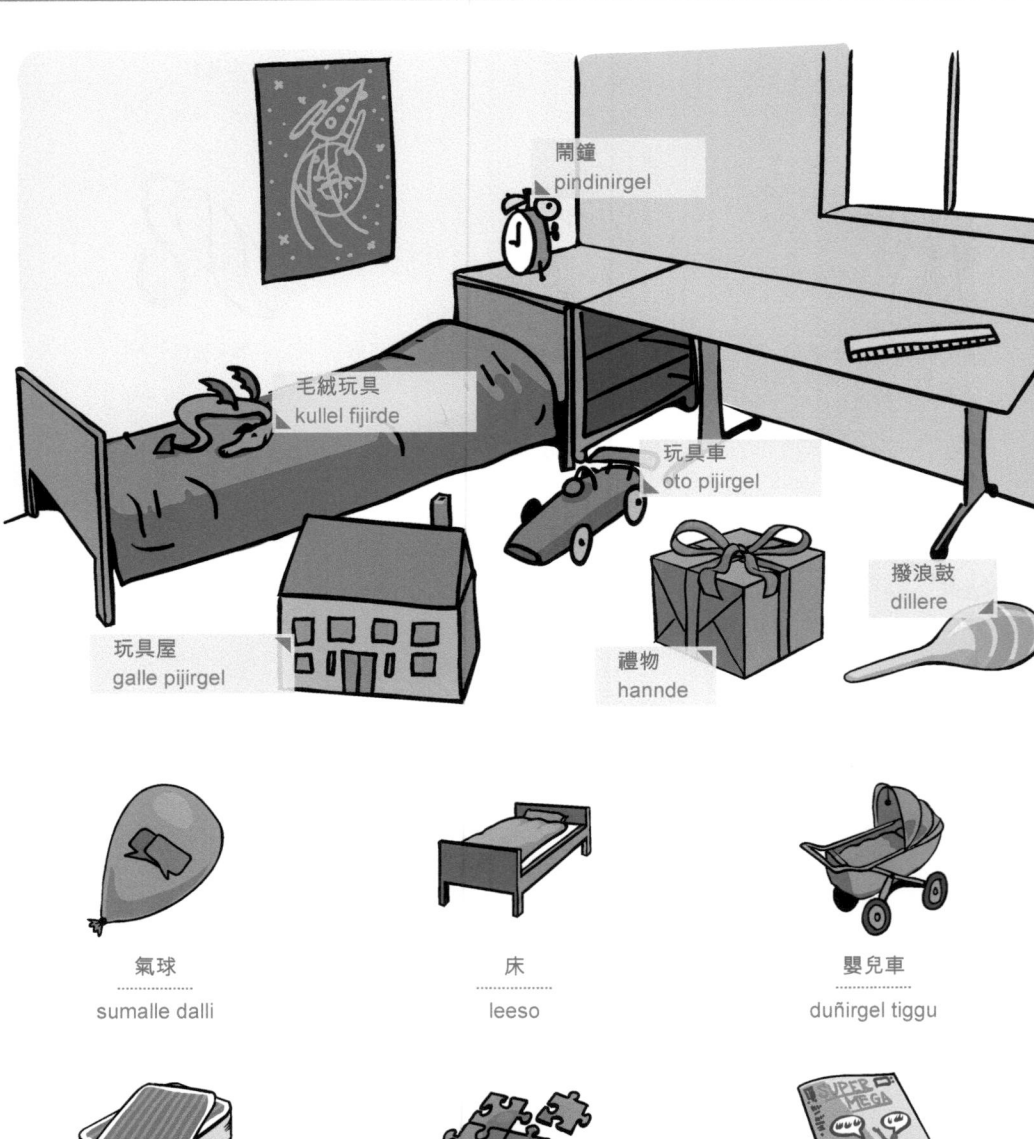

鬧鐘
pindinirgel

毛絨玩具
kullel fijirde

玩具車
oto pijirgel

撥浪鼓
dillere

玩具屋
galle pijirgel

禮物
hannde

氣球
sumalle dalli

床
leeso

嬰兒車
duñirgel tiggu

撲克牌
nokkere karte

拼圖
fijirde lombondirgol

漫畫
njalniika

樂高積木

pijirgel tuufeeje

積木玩具

tuufeeje

公仔

pijirgel

嬰兒服

comcol tiggu

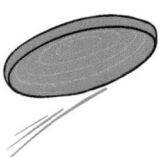

飛盤

palaat diwwoow

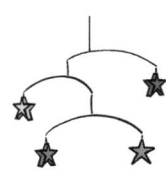

床鈴玩具

noddirgel

棋盤遊戲

pijirgel

骰子

dee

火車模型

ñemtinirgel laana ndegoowa

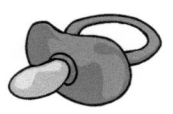

安撫奶嘴

neɗɗo fuuunti

派對

fijirde

繪本

deftere nate

球

bal

洋娃娃

puppe

玩

fijde

沙坑

mbalka ceenal

鞦韆

beeltirgal

玩具

pijirgel

電玩遊戲

pijiteengel see widewo

三輪車

welo biifi tati

泰迪熊

pijirgel kullel urs

衣櫃

armuwaar

衣服

comcol

襪子

kawase

長襪

kawase

緊身褲

tuubayon bittukon

圍巾
musuuro

雨傘
paraseewal

皮帶
dadorde

T恤
tiset

運動鞋
pade bokkateede

靴子
pade toowde

拖鞋
pade suudu

涼鞋
pade diwa

鞋
pade

雨靴
padde toowde lirotoode

內褲
cakkirdi

胸罩
sucengors

背心
silet

衣服 - comcol

45

身體
banndu

褲子
tuuba

牛仔褲
jiin

短裙
robbo

女式襯衫
buluson

襯衫
simis

套頭衫
piliweer

連帽上衣
weste nebbu

西裝夾克
layset

夾克
jaget

外套
weste juudɗo

雨衣
wutte toɓo

套裝
kostim

連衣裙
robbo

婚紗
robbo yange

西裝
weste

睡袍
wutte baalduɗo

睡衣
pijama

莎麗
sari

頭巾
muusooro

包頭巾
kaala

波卡
kaala

卡夫坦
sabndoor

(阿拉伯式)長袍
abbaay

泳衣
comcol lumbirogol

男式泳褲
cakkirɗi

短褲
kilot

運動服
joogin

圍裙
limsere deffowo

手套
gaŋuuji

鈕扣
boďďirgel

眼鏡
lone

手鏈
jawo

項鍊
cakka

戒指
feggere

耳環
hootonde

便帽
laafa

衣架
liggirgal weste

帽子
laafa

領帶
karawat

拉鍊
zip

安全帽
laafa ndeenka

背帶
ganŋ

校服
comcol duďal

制服
iniform

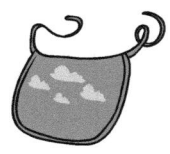

圍兜

sarbetel daande

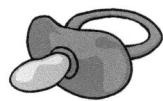

安撫奶嘴

neɗɗo fuuunti

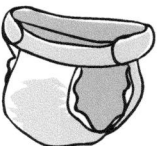

尿布

kuus

辦公室

gollirgal

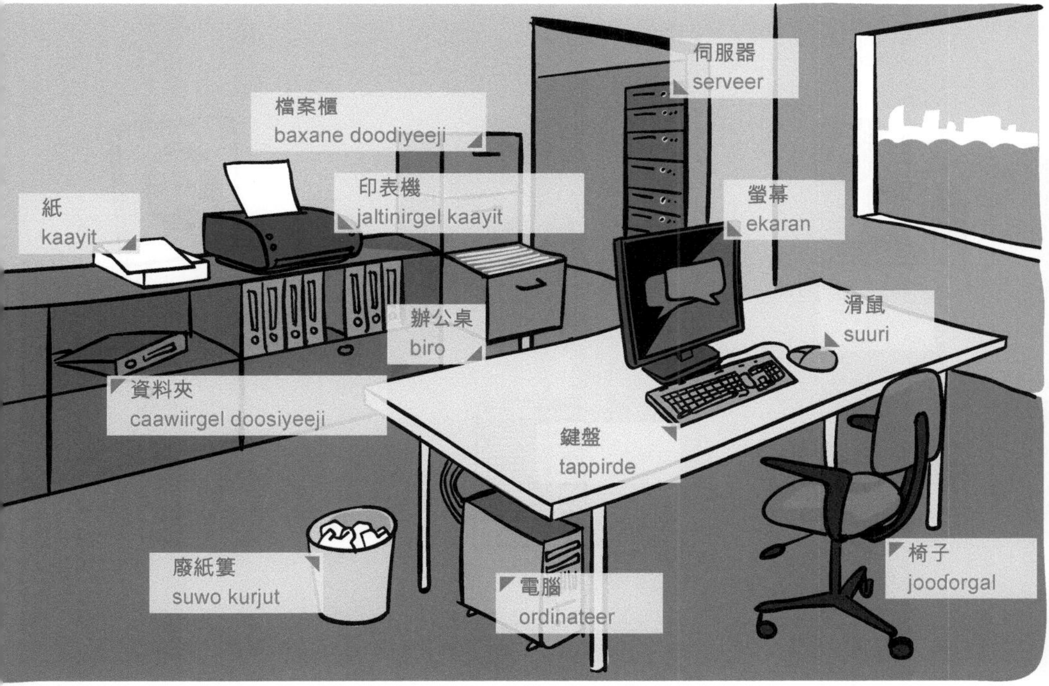

伺服器
serveer
檔案櫃
baxane doodiyeeji
印表機
jaltinirgel kaayit
紙
kaayit
螢幕
ekaran
辦公桌
biro
滑鼠
suuri
資料夾
caawiirgel doosiyeeji
鍵盤
tappirde
廢紙簍
suwo kurjut
電腦
ordinateer
椅子
jooɗorgal

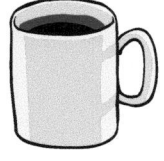

咖啡杯

kuppu kafe

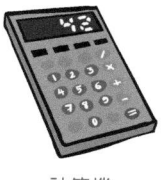

計算機

qiimorgal

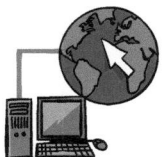

網際網路

enternet

筆記型電腦

ordinateer beelnateeɗo

信件

bataake

簡訊

bataake

行動電話

noddirgel

網路

reso

影印機

cottitirgel

軟體

losisiyel

電話

noddirgel

插座

ceŋirgel ɓoggol kuura

傳真機

masinŋ faks

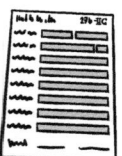

表格

mbaadi

檔案

dokiman

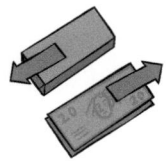

買
soodde

付錢
sooɗde

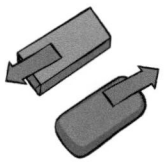

交易
yeyde

現金
kaalis

美元
dolaar

歐元
eroo

日元
yen

盧布
ruubal

瑞士法郎
faran Siwis

人民幣
yuwaan renminbi

盧比
rupii

提款處
masinŋ keestorɗo kaalis

外幣兌換處

nokku beccugol e neldugol

金

kanŋe

銀

kaalis

石油

esaans

能源

sembe

價格

coggu

合約

kontara

稅金

taks

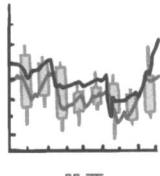

股票

marsandiss moftaaɗo

工作

gollude

職員

gollinteeɗo

老闆

gollinoowo

工廠

isin

商店

bitik

職業
haajuuji

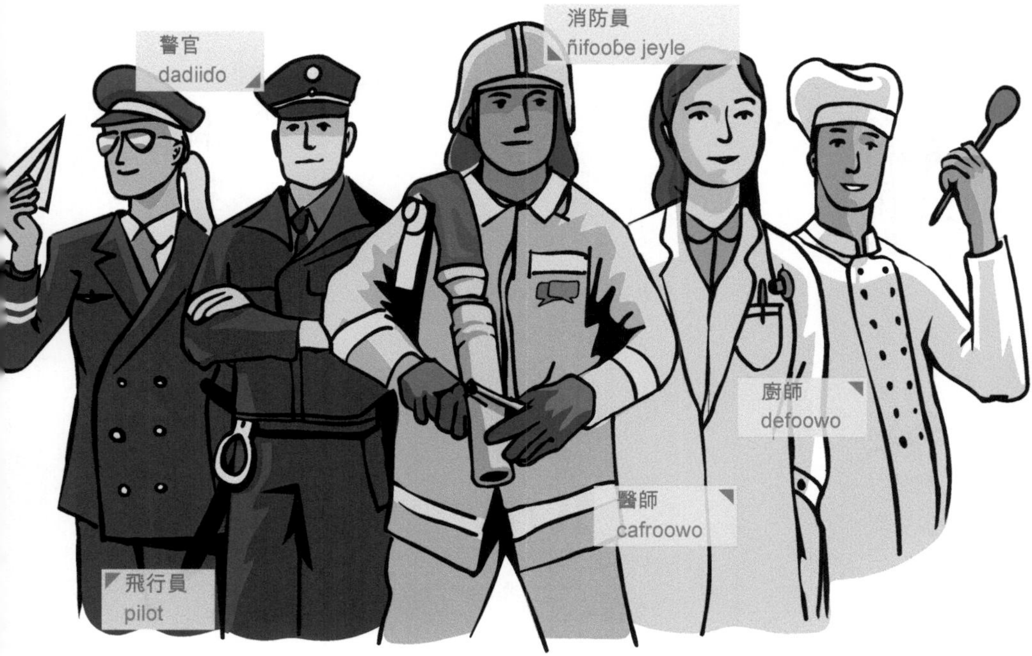
警官
dadiiɗo
消防員
ñifooɓe jeyle
廚師
defoowo
醫師
cafroowo
飛行員
pilot

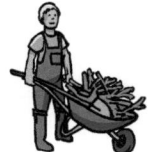

園丁
toppitiiɗo sardin

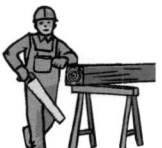

木匠
minise

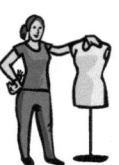

裁縫
ñootoowo

法官
ñaawoowo

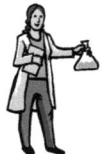

化學家
simist e ɗemngal farayse

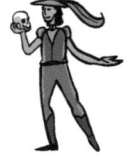

演員
aktoor

公車司機

dognoowo biis

計程車司機

dognoowo taksi

漁夫

gawoowo

清洗女工

pittoowo

屋頂工

cengirɗe huɓeere

服務生

carwoowo

獵人

daddoowo

畫家

pentiroowo

麵包師

piyoowo mburu

電工

gollowo kuura

建築工人

mahoowo

工程師

enseñeer

屠夫

jeyoowo teew keso

水管工

polombiyer

郵差

nawoowo ɓatakuuji

士兵

kooninke

建築師

diidoowo ɓahanteeri

收銀員

kestotooɗo

花農

jeyoowo fuloraaji

理髮師

mooroowo

售票員

dognoowo

機械技師

mekanisiyenŋ

船長

kapiteen

牙醫

cafroowo yiiƴe

科學家

miijotooɗo

拉比

kellifaaɗo diine to israayel

伊瑪目

imaam

和尚

muwaan e e ɗemngal farayse

牧師

kellifaaɗo diine heerereeɓe

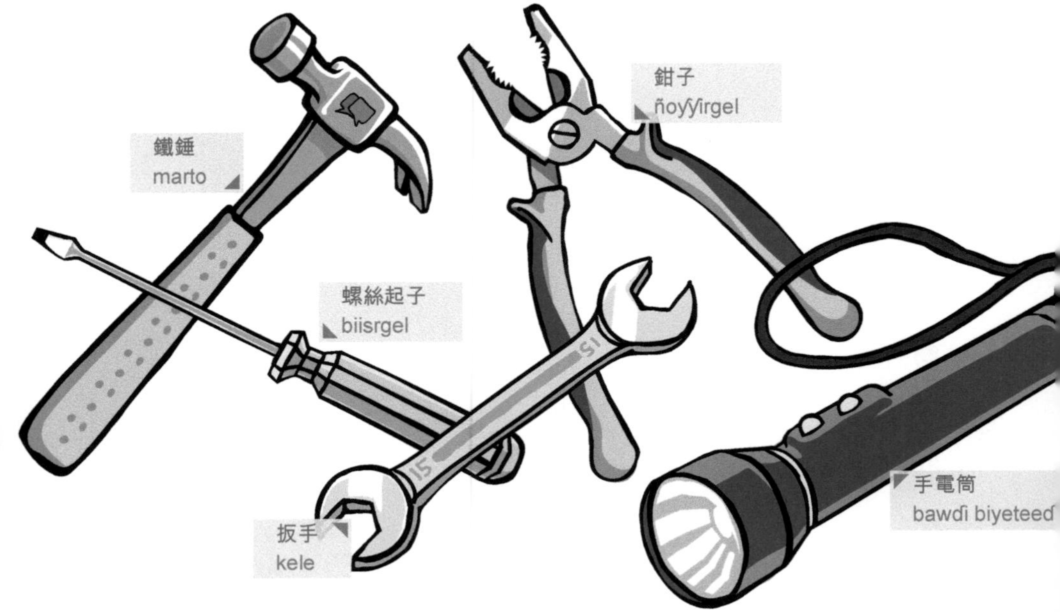

鐵錘
marto

鉗子
ñoyyirgel

螺絲起子
biisrgel

扳手
kele

手電筒
bawɗi biyeteeɗ

挖掘機

pikku

工具箱

baxanel kaɓorɗe

梯子

ŋabbirgal

鋸子

tayirgal

釘子

yibirɗe

鑽機

julirgal

修
fewnitde

鏟子
nokkirgel

糟糕！
Soo!

畚箕
boftirgel kurjut

油漆桶
pot penttiir

螺絲
wiisuuji

樂器
kongirgon misik

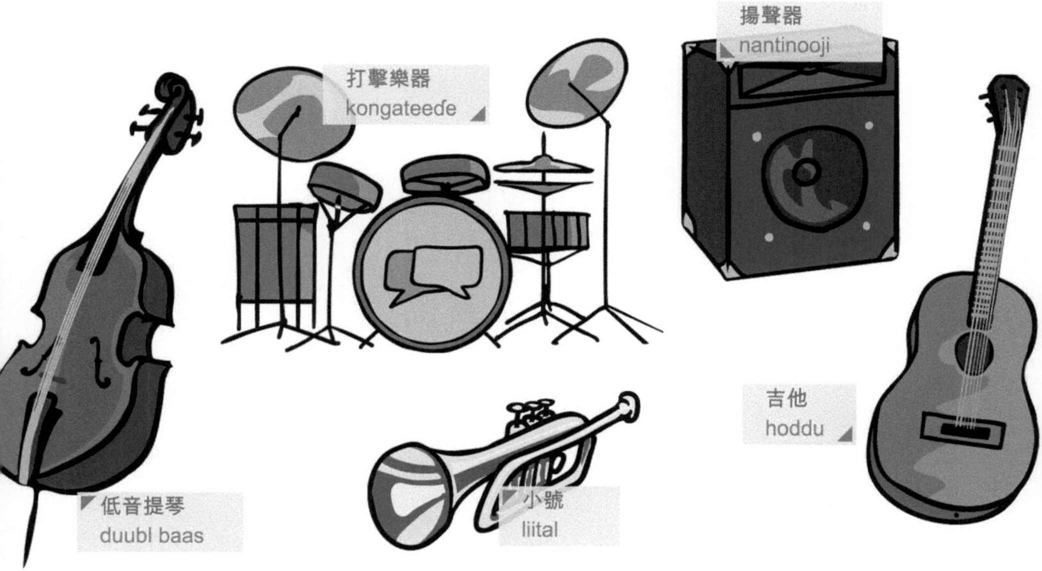

揚聲器
nantinooji

打擊樂器
kongateeɗe

吉他
hoddu

低音提琴
duubl baas

小號
liital

鋼琴

piayaano

小提琴

wiyolon

貝斯

baas

定音鼓

bowɗi biyeteeɗi timpani

鼓

bawɗi

電子琴

tappirgal

薩克斯風

saksofoon

長笛

nguurdu

麥克風

mikoro

動物園
nokku kullon

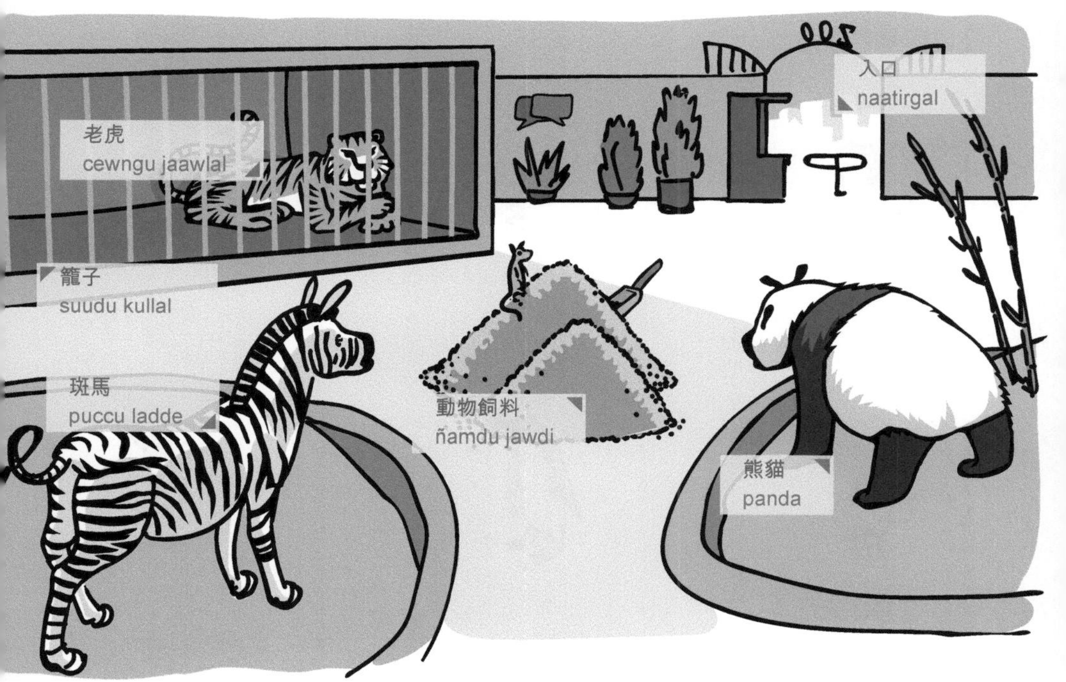

入口
naatirgal
老虎
cewngu jaawlal
籠子
suudu kullal
斑馬
puccu ladde
動物飼料
ñamdu jawdi
熊貓
panda

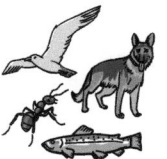

動物

kulle

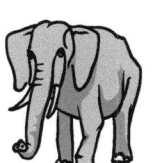

大象

ñiiwa

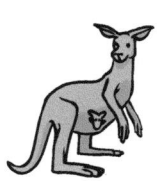

袋鼠

kanguru

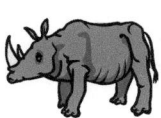

犀牛

rinoseros

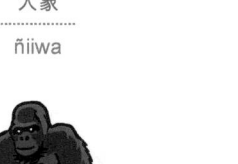

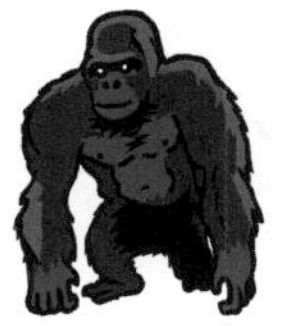

大猩猩

waandu mowndu

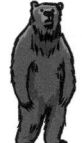

熊

urs

駱駝

ngelooba

鴕鳥

sundu ɓurndu mownude

獅子

mbaroodi

猴子

waandu

紅鶴

ñaaral pural

鸚鵡

seku

北極熊

urso galaas

企鵝

liingu wiyeteendu penguwe

鯊魚

lingu reke

孔雀

ndiwri wiyeteendu pawon

蛇

laadoori

鱷魚

nooro

動物園管理員

deenoowo zoo

海豹

togoori ndiyam wiyeteendu
fok e farayse

美洲豹

cewngu

矮種馬

molu

豹

cewngu

河馬

ngabu

長頸鹿

njabala

老鷹

ciilal

野豬

mbabba tugal

魚

liingu

龜

heende

海象

kullal biyeteengal morse

狐狸

renaar

羚羊

lella

橄欖球
Fuggukoyngel Amerknaabe

騎腳踏車
dognugol welo

網球
tenis

籃球
beysbol

游泳
lumbagol

拳擊
boks

冰球
fuggukoyngel e galaas

美式足球
Fuggukoyngel

羽毛球
badminton

田徑
atelettuuji

手球
hanbol

滑雪
fijirɗe deggol e nees

馬球
polo

跳
diwde

擁抱
buucaade

笑
jalde

走路
yaade

唱
yimde

做夢
hoyɗitaade

祈禱
juulde

親吻
buucaade

書寫
windude

畫
siifde

展示
hollude

推
duñde

給
rokkude

拿
yettude

有
deňde

做
waďde

當
wonde

站
ummaade

跑
dogde

拉
fooďde

丟
weddaade

摔倒
yande

躺
fende

等待
sabbaade

攜帶
roondaade

坐
jooďaade

穿衣
boornaade

睡覺
ďaanaade

醒來
finde

看

ỵeewde

哭

woyde

擊

helde

梳頭

yeesaade

交談

haalde

明白

faamde

問

naamnaade

聽

heɗaade

喝

yarde

吃

ñaamde

清理

hawrinde

愛

yiɗde

做飯

defde

開車

dognude

飛

diwde

航行

awyude

計算

qimaade

讀

jangude

學習

jangude

工作

gollude

結婚

resde

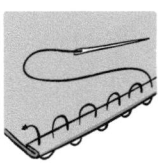

縫

ñootde

刷牙

soccaade ɲiiɲe

殺

warde

抽菸

simmaade

寄

neldude

raaɗo debbo

祖父
taaniraaɗo gorko

父親
baabiraaɗo

母親
yummiraaɗo

嬰兒
tiggu

女兒
biɗɗo debbo

兒子
biɗɗo gorko

客人

koɗo

阿姨

goggiraaɗo

叔叔

kaawiraaɗo

兄弟

mowniraaɗo gorko

姐妹

mowniraaɗo debbo

身體

ɓandu

前額
tiinde
眼睛
yiitere
臉
yeeso
下巴
waare
乳房
endu
手指
feɗendu
手
jungo
手臂
jungo
肩膀
walabo
腿
koyngal

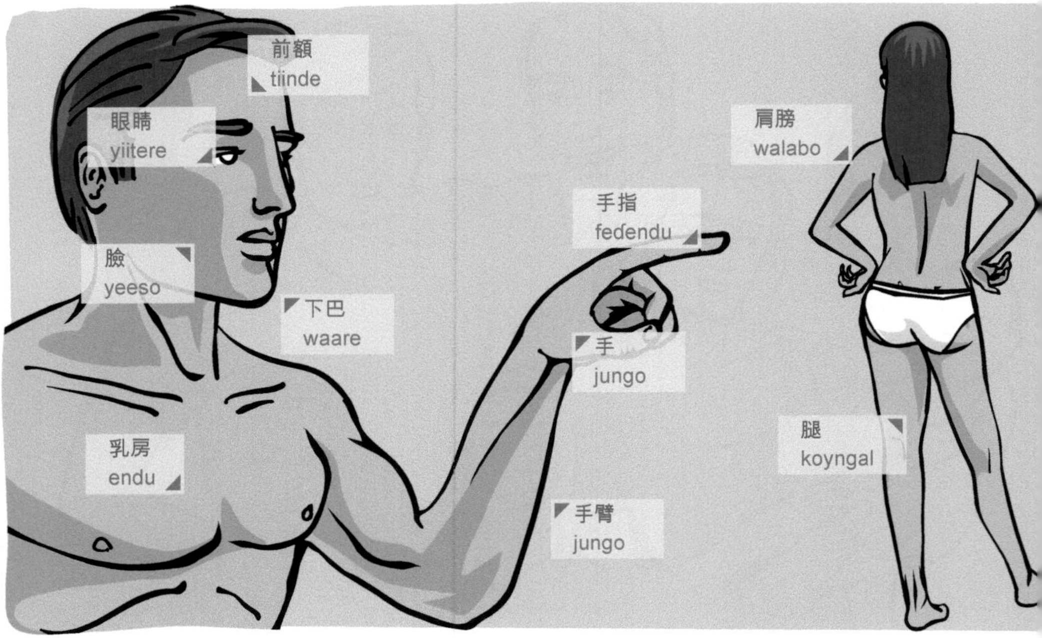

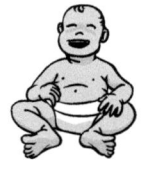

嬰兒

tiggu

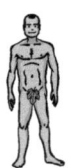

男人

gorko

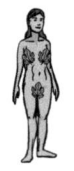

女人

debbo

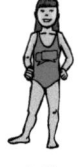

女孩

deftere kongoli

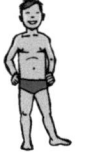

男孩

suka gorko

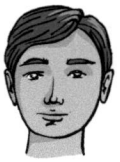

頭

hoore

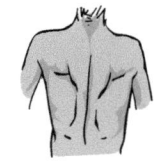

背部

keeci

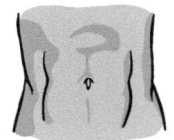

肚子

reedu

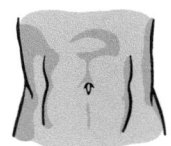

肚臍

wuddu

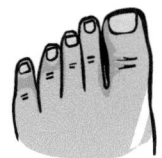

腳趾

feɗendu koyngal

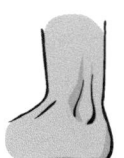

腳後跟

jaɓɓorgal

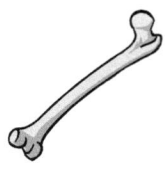

骨頭

ƴiyal

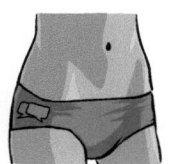

臀部

rotere

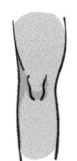

膝蓋

hofru

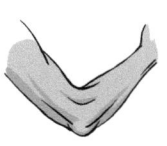

手肘

salndu junngu

鼻子

hinere

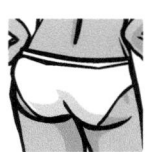

屁股

dote

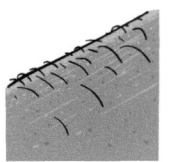

皮膚

nguru

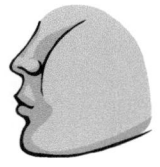

臉頰

abɓulo

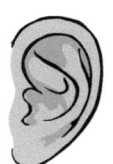

耳朵

nofru

嘴唇

tonndu

身體 - bandu

嘴
hunuko

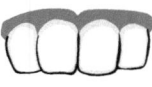

牙齒
ñiire

舌頭
ɗemngal

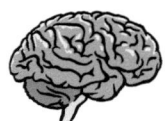

腦
ngaandi

心臟
bernde

肌肉
yiyal

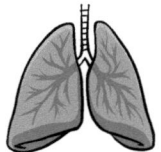

肺
wecco

肝臟
heeñere

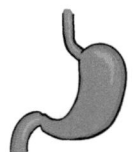

胃
estoma

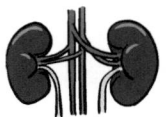

腎臟
tekteki mawni

性交
terɗe

保險套
laafa ndeenka

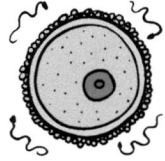

卵子
ɓoccoonde maniya

精子
maniya

懷孕
reedu

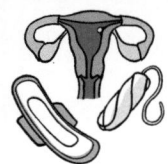

月事

yꞮiẙam ella

陰道

farja

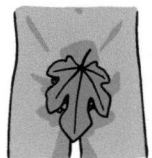

陰莖

kaake

眉毛

leebi dow yiitere

頭髮

sukunndu

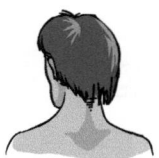

脖子

daande

醫院

suudu safirdu

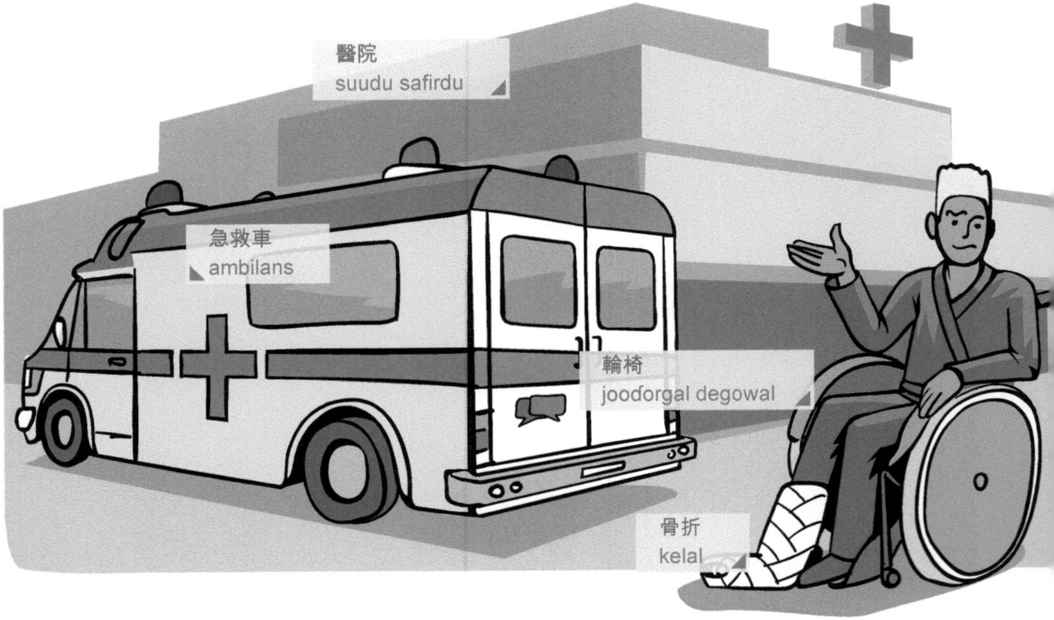

醫院
suudu safirdu
急救車
ambilans
輪椅
jooɗorgal degowal
骨折
kelal

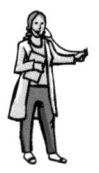

醫師

cafroowo

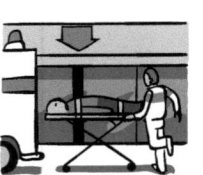

急診室

suudo irsaans

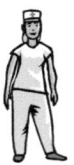

護理師

cafroowo

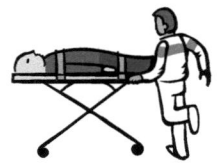

緊急情形

irsaans

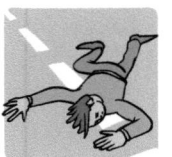

昏迷

paɗɗiiɗo

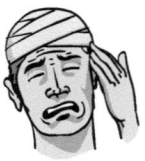

痛

muuseeki

受傷
gaañande

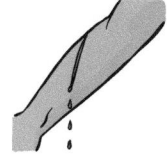

出血
tuyƴude

心臟病發作
ɓernde dartiinde

中風
darogol ɓernde

過敏
alersi

咳嗽
ɗojjugol

發燒
nguleeki ɓandu

流感
maɓɓo

腹瀉
reedu dogooru

頭痛
muuseeki hoore

癌症
kanser

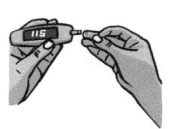

糖尿病
jabet

外科醫師
operasiyon

手術刀
ceekirgel

手術
operasiyon

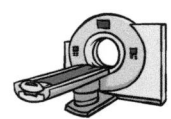

電腦斷層掃描
CT

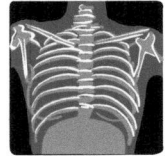

X光
reyon-x

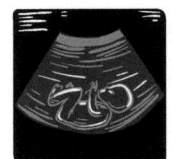

超音波
iltarason

口罩
mask yeeso

疾病
ñaw

候診室
suudu sabbordu

拐杖
sawru tuggorgal

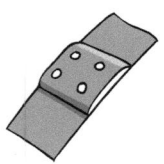

石膏
palatar

繃帶
bandaas

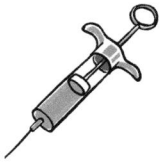

注射
pikkitagol

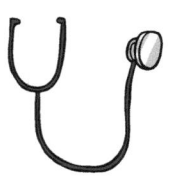

聽診器
kedirgel dille ɓandu

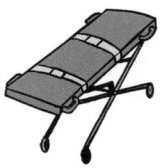

擔架
balankaaru

體溫計
betirgel nguleeki ɓanndu

出生
jibinegol

超重
ɓandu ɓurtundu

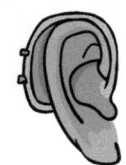

助聽器

ballotirgel nonooje

消毒液

desefektan

感染

infeksiyon

病毒

viris

愛滋病

HIV / SIDA

藥物

safaara

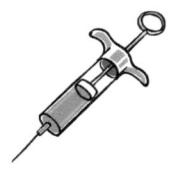

接種疫苗

ñakko

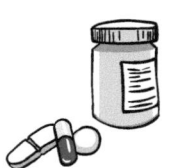

藥片

tabletuuji

藥丸

foɗɗere

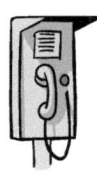

急救電話

noddaango heñoraango

血壓計

ɓetirgel dogdu ƴiiƴam

生病/健康

sellaani / salli

救命！

Paabođe!

警報

tintinirgel

突擊

jangol

攻擊

yande e

危險

musiiba

緊急出口

damal dandirgal

失火了！

Paabođe!

滅火器

ñifirgel jeynge

意外

aksida

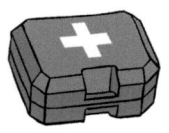

急救箱

geđe cafrorđe gadane

呼救訊號

BALLAL

員警

Polis

歐洲

Erop

北美洲

Amerik to Rewo

南美洲

Amerik to Worgo

非洲

Afiriki

亞洲

Asi

澳洲

Ostarali

大西洋

Atalantik

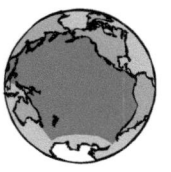

太平洋

Pasifik

印度洋

Oseyan Enje

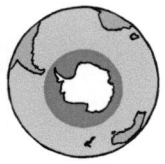

南冰洋

Oseyan Antarktik

北冰洋

Osean Arkatik

北極

Bange Rewo

南極

Bange Worgo

南極洲

Antarktik

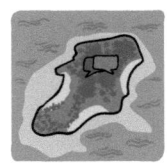

地球

Leydi

陸地

leydi

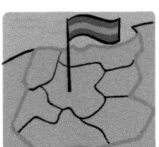

海

maayo mawngo

島

wuro nder ndiyam

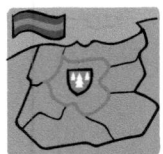

國家

leydi

州

jamaanu

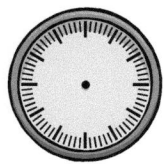

錶盤

yeeso montoor

時針

misalel waqtu

分針

misalel hojomaaji

秒針

misalel majanđe

現在幾點？

Hol waqtu jonđo?

天

ñalawma

時間

saha

現在

jooni

電子錶

montoor disitaal

分

hojom

時

waqtu

週

yontere

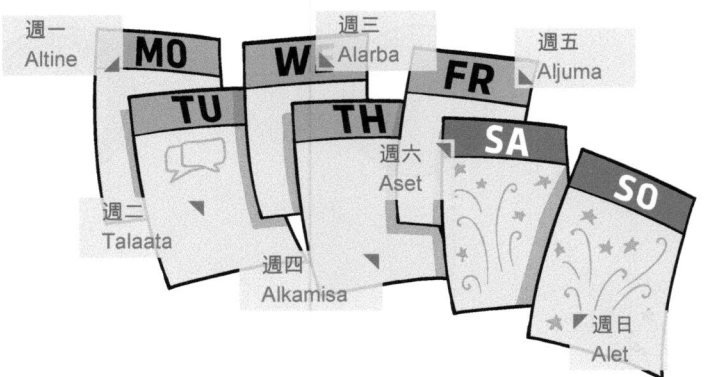

週一 Altine
週二 Talaata
週三 Alarba
週四 Alkamisa
週五 Aljuma
週六 Aset
週日 Alet

昨天

hanki

今天

hande

明天

jango

早晨

subaka

中午

beetawe

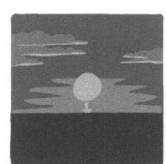

晚上

kikiiɗe

工作日

ñalawmaaji golle

週末

ñalamaaji fooftere

雨
tobo

彩虹
timtimol

風
hendu

雪
nees

春
caggal dabbunde

夏
ndungu

秋
dabbunde

冬
dabbunde

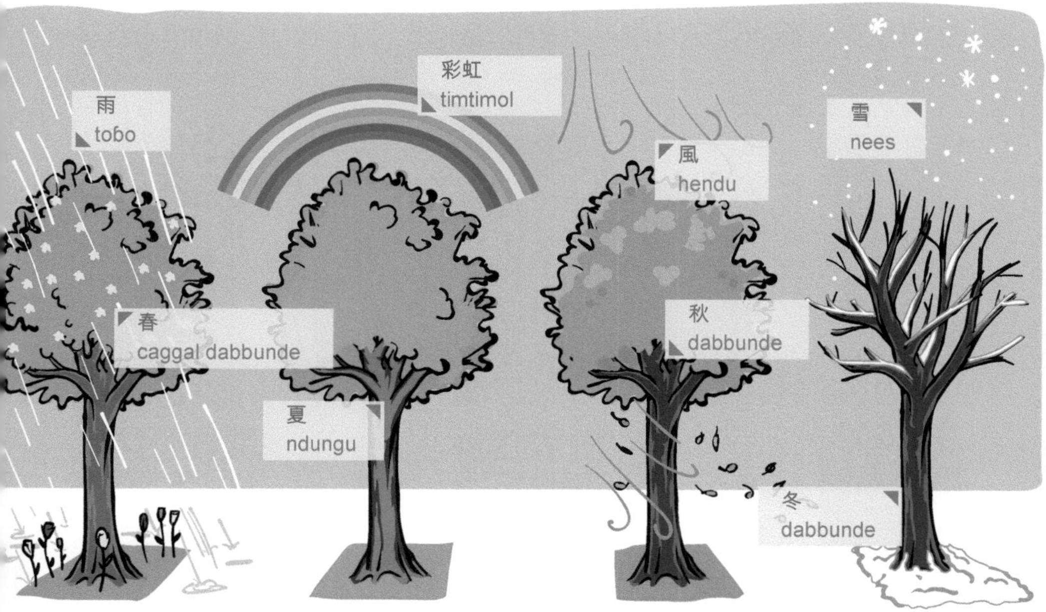

天氣預告

kabrugol geđe weeyo

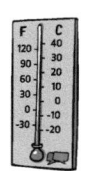

溫度計

betirgal nguleeki

陽光

nguleeki naange

雲

duulal

霧

nibbere niwri

潮濕

buubol

閃電

majaango

打雷

gidango

風暴

hendu yaduungo e gidaali

冰雹

toɓo mawngo

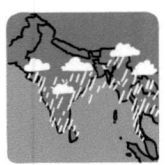

季風

keneeli mawɗi

洪水

toɓo yooloongo

冰

galaas

一月

Janwiye

二月

Feeviriye

三月

Mars

四月

Awril

五月

Me

六月

Suwe

七月

Suliye

八月

Ut

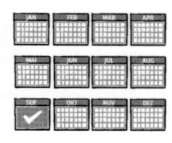

九月

Setanbar

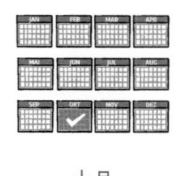

十月

Oktobar

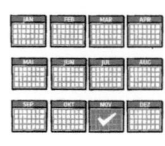

十一月

Noowambar

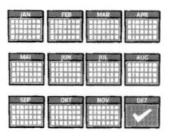

十二月

Desambar

形狀

Mbaadi

圓形

taariɗum

正方形

bangeeji potɗi

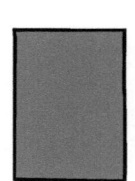

長方形

rektangal

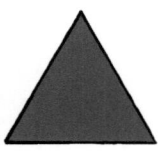

三角形

tiriyangal

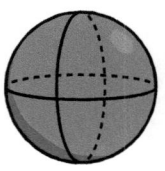

球體

esfeer

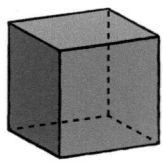

立方體

kib

顏色
kuloraaji

白
deneejo

黃
puro

橙
oraas

粉
roos

紅
boɗeejo

紫
yolet

藍
bulaajo

綠
werte

棕
baka

灰
giri

黑
baleejo

很多/少許

heewi / famɗi

生氣/平靜

mittinɗo / deeyɗo

美/醜

yooɗi / soofi

首/尾

fuɗɗorde / gasirde

大/小

mawni / famɗi

明/暗

leeri / ɗibbiɗi

兄弟/姐妹

awniraaɗo gorko / debbo

乾淨/骯髒

laaɓi / tulmi

完整/缺失

timmi / manki

白天/晚上

ñalawma / jamma

死/生

mayi / wuuri

寬/窄

yaaji / ɓitti

可食用/非食用

ñaame / ñaametaake

邪惡/善良

bonɗum / moyỹi

興奮/無聊

weelti / deeyi

胖/瘦

ɓutto / cewɗo

第一/最後

gadiiɗo / cakkitiiɗo

朋友/敵人

sehil / gaño

滿/空

heewi / ɓolɗi

硬/軟

tiiɗi / hoyi

重/輕

teddi / hoyi

餓/渴

heege / ɗomka

生病/健康

sellaani / salli

非法/合法

dagaaki / dagi

聰明/愚笨

ɣoyi / ɣiɣaani

左/右

ñaamo / nano

近/遠

ɓadi / woɗɗi

新/舊

keso / kiiɗɗo

沒有/有些

haydara / huunde

老/幼

nayeeji / suka

開/關

ne heen / ala heen

打開/闔上

udditi / uddi

安靜/吵鬧

deeyɗi / dilla

富/窮

galo / baasɗo

對/錯

feewi / feewaani

粗糙/光滑

tekki / ɗaati

傷心/高興

suni / weelti

短/長

daɓɓo / jutɗo

慢/快

leeli / yaawi

濕/乾

leppi / yoori

溫暖/涼爽

wuli / ɓuuɓi

戰爭/和平

hare / jam

0

零
....
meere

1

一
....
goo

2

二
....
ɗiɗi

3

三
....
tati

4

四
....
nay

5

五
....
joy

6

六
....
jeegom

7

七
....
seeɗiɗi

8

八
....
jeetati

9

九
....
jeenay

10

十
....
sappo

11

十一
....
sappo e goo

12
十二
sappo e điđi

13
十三
sppo e tati

14
十四
sappo e nay

15
十五
sappo e joy

16
十六
sappo e jeegom

17
十七
sappo e jeeđiđi

18
十八
sappo e jeetati

19
十九
sappo e jeenay

20
二十
noogas

100
百
teemedere

1.000
千
ujunere

1.000.000
百萬
miliyonŋ

英語

Angale

美式英語

Angale Amerik

普通話

Mandare Siin

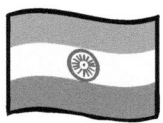

印地語

Indo

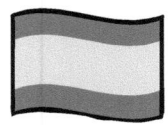

西班牙語

Español

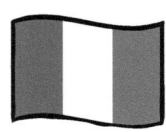

法語

Farayse

阿拉伯語

Arab

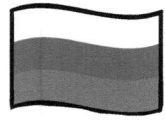

俄語

Riis

葡萄牙語

Portige

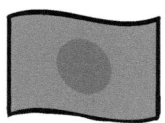

孟加拉語

Bengali

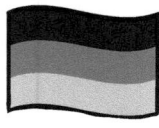

德語

Alma

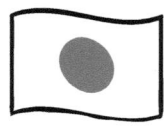

日語

Sappone

我
miin

你
ann

他/她/它
kanŋko / kanŋko / kaňum

我們
minen

你們
onon

他們
kamɓe

誰？
holi oon?

什麼？
hol đum?

如何？
hol no?

何處？
hol toon?

何時？
mande?

名字
innde

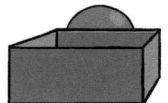

後面

caggal

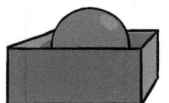

裡面

nder

前面

yeeso

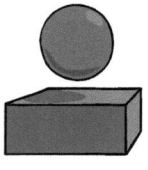

上方

hedde

上面

dow

下麵

les

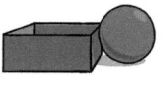

旁邊

sara

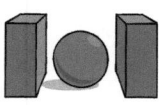

中間

hakkunde

地點

nokku